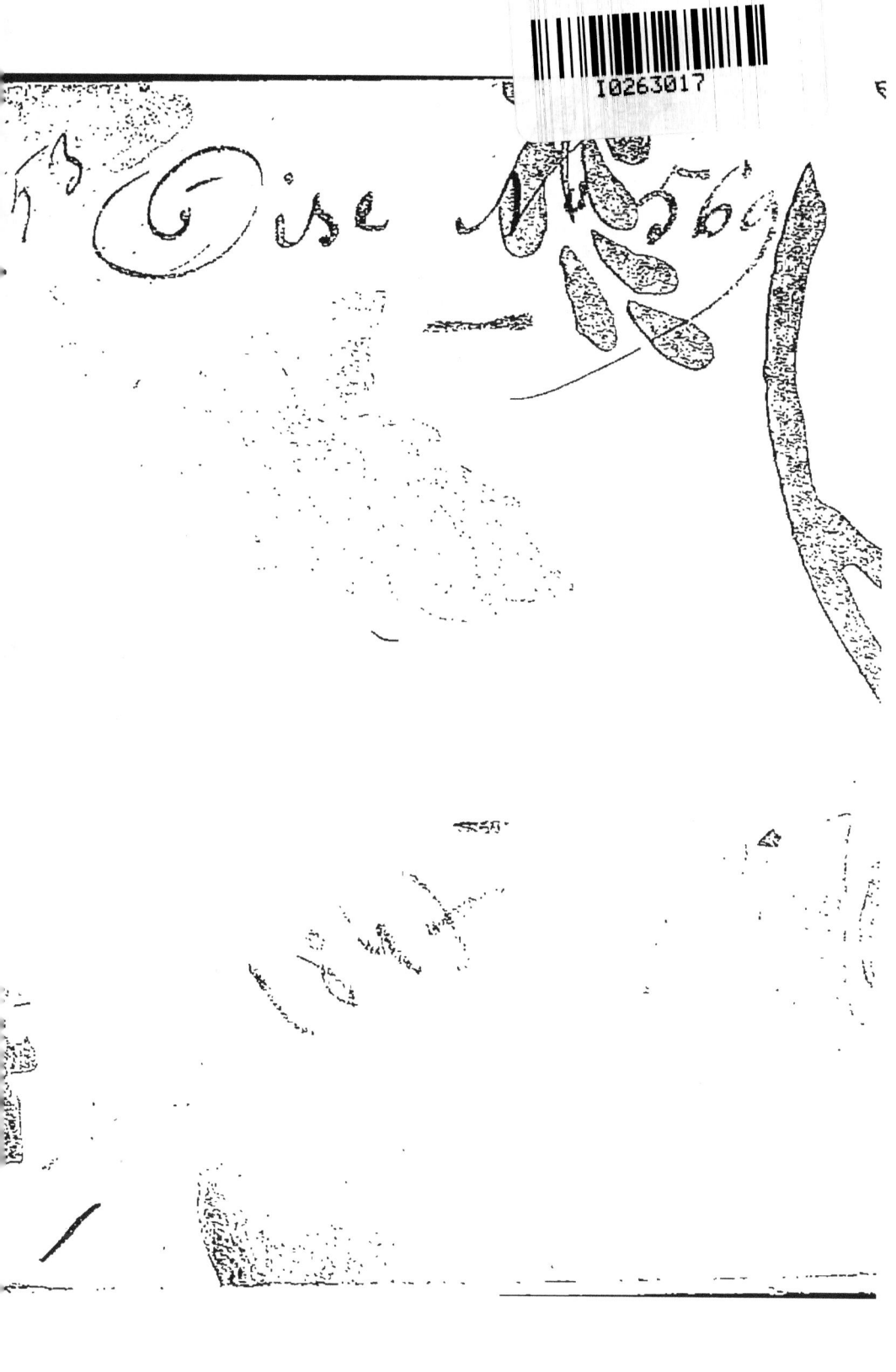

NOUVEL
ALPHABET,
OU
INSTRUCTION
CHRÉTIENNE,
EN FRANÇAIS;
POUR APPRENDRE A LIRE AUX ENFANS.

A HAM,
Chez FROMENT, Libraire.

1847

A	e	i	o	u
Ba	be	bi	bo	bu
Ca	ce	ci	co	cu
Da	de	di	do	du
Fa	fe	fi	fo	fu
Ga	ge	gi	go	gu
Ha	he	hi	ho	hu
Ja	je	ji	jo	ju
La	le	li	lo	lu
Ma	me	mi	mo	mu
Na	ne	ni	no	nu
Pa	pe	pi	po	pu
Qua	que	qui	quo	quu
Ra	re	ri	ro	ru
Sa	se	si	so	su
Ta	te	ti	to	tu
Va	ve	vi	vo	vu
Xa	xe	xi	xo	xu

A B C D E F G H I J K
L M N O P Q R S T U
V X Y Z.

a b c d e f g h i j k l m n o p q
r s t t u v x y z.
p d c q l h o y a m g n i r f x v
e t c s u z e k q b d p.

✠ *A B C D E F G H I J K
L M N O P Q R S T U V X
Y Z.*
*a b c d e f g h i j k l m n o
q r s t u v x y z.*

L'Oraison Dominicale.

NOTRE Père, qui êtes dans
les Cieux, que votre nom
soit sanctifié. Que votre règne

arrive. Que votre volonté soit faite en la terre comme au Ciel. Donez-nous aujourd'hui notre pain de chaque jour. Et pardonnez-nous nos offenses, comme nous pardonnons à ceux qui nous ont offensés, et ne nous laissez pas succomber à la tentation. Mais délivrez- nous du mal.

Ainsi-soit-il.

La Salutation Angélique.

JE vous salue, Marie, pleine de grâce; le Seigneur est avec vous; vous êtes bénie entre toutes les femmes; et Jésus, le fruit de vos entrailles, est béni. Sainte

Marie, mère de Dieu, priez pour nous, pécheurs, maintenant et à l'heure de notre mort.

Ainsi-soit-il.

Le Symbole des Apôtres.

JE crois en Dieu le Père tout-puissant, créateur du Ciel et de la Terre. Et en Jésus-Christ, son Fils unique, Notre Seigneur. qui a été conçu du Saint-Esprit, est né de la Vierge Marie. Qui a souffert sous Ponce-Pilate, a été crucifié, est mort et a été enseveli. Qui est descendu aux enfers et le troisième jour est ressuscité des morts. Qui est monté aux Cieux, est assis à la droite de Dieu le Père tout-puissant, et qui de là viendra juger les vivans et les morts.

    Je crois au Saint-Esprit,
    La sainte Église Catholique,
    La Communion des Saints,
    La Rémission des péchés,
    La Résurrection de la chair,
    La Vie éternelle,
    Ainsi soit-il.

☦

LES SEPT PSEAUMES
DE LA
PÉNITENCE.

Pseaume 6.

SEIGNEUR, ne me reprenez pas dans votre fureur, et ne me punissez pas dans votre colère.

Ayez pitié de moi, Seigneur, parce que je suis faible : Seigneur guérissez-moi, parce que mes os sont tout étonnés.

Et mon ame est toute troublée : mais vous, Seigneur, jusqu'à quand me laisserez-vous en cet état ?

Tournez-vous vers moi, Seigneur, et délivrez mon âme : sauvez-moi en considération de votre miséricorde.

Car il n'y a personne qui se souvienne de vous dans la mort, et qui est celui qui vous louera dans l'enfer ?

Je me suis épuisé à force de soupirer : je laverai, toutes les nuits, mon lit de mes pleurs ; j'arroserai de mes larmes le lieu où je suis couché.

La fureur a rempli mon œil de trouble ; je suis devenu vieux au milieu de mes ennemis.

Éloignez-vous de moi, vous tous qui commettez l'iniquité, parce que le Seigneur a exaucé la voix de mes larmes.

Le Seigneur a exaucé l'humble supplication que je lui ai faite ; le Seigneur a agréé ma prière.

Que tous mes ennemis rougissent, et qu'ils se retirent promptement, et qu'ils soient couverts de confusion,

Pseaume 31.

HEUREUX sont ceux à qui les iniquités ont été remises, et dont les péchés sont couverts.

Heureux est l'homme à qui le Seigneur n'a imputé aucun péché, et dont l'esprit est exempt de tromperie.

Parce que je me suis tû, mes os ont vieilli et perdu leur force, tandis que je criais tout le jour.

Parce que votre main s'est appesantie jour et nuit sur moi, je me suis tourné vers vous dans mon affliction, pendant que j'étais percé de la pointe de l'épine.

Je vous ai fait connaître mon péché, et je n'ai point caché davantage mon injustice.

Je dis : Je déclarerai au Seigneur, et je confesserai contre moi-même mon injustice, et vous m'avez remis aussitôt l'iniquité de mon péché.

C'est pour cette raison que tout homme saint vous priera dans le temps qui est favorable.

Et quand les grandes eaux inonderont comme dans un déluge, elles n'approcheront point de lui.

Vous êtes mon refuge dans l'affliction dont je suis environné ;

arrachez-moi du milieu de ceux qui m'environnent, vous, mon Dieu, qui êtes ma joie.

Je vous donnerai l'intelligence; je vous enseignerai la voie par laquelle vous devez marcher, et j'arrêterai mes yeux sur vous.

Gardez-vous d'être comme le cheval et le mulet, qui n'ont point d'intelligence.

Resserrez, avec le mors et le frein, la bouche de ceux qui ne veulent pas s'approcher de vous.

Le pécheur sera exposé à un grand nombre de peines; mais pour celui qui espère au Seigneur, il sera tout environné de sa miséricorde.

Réjouissez-vous au Seigneur, et soyez transportés de joie, vous qui êtes justes; et publiez sa gloire par vos cantiques, vous qui avez le cœur droit.

Psaume 37.

SEIGNEUR, ne me reprenez pas dans votre fureur, et ne me punissez pas dans votre colère.

Parce que j'ai été percé de vos flèches, et que vous avez appesanti votre main sur moi.

A la vue de votre colère, il n'est resté rien de sain dans ma chair et à la vue de mes péchés, il n'y a plus aucune paix dans mes os.

Parce que mes iniquités se sont élevées jusqu'au-dessus de ma tête, et qu'elles se sont appesanties sur moi comme un fardeau insupportable.

Mes plaies ont été remplies de corruption et de pourriture, à cause de mon extrême folie.

Je suis devenu misérable et tout courbé : je marchais accablé de tristesse durant le jour.

Parce que mes reins on été remplis d'illusion, et qu'il n'y a dans ma chair aucune partie saine.

J'ai été affligé, et je suis tombé dans la dernière humiliation, et le gémissement secret de mon cœur me faisait pousser au dehors comme des rugissemens.

Seigneur, tout mon désir est exposé à vos yeux, et mon gémissement ne vous est point caché.

Mon cœur est rempli de trouble; toute ma force m'a quitté, et même la lumière de mes yeux n'est plus avec moi.

Mes amis et mes proches se sont élevés et déclarés contre moi.

Ceux qui étaient proche de moi s'en sont tenus éloignés; et ceux qui cherchaient à m'ôter la vie, usaient de violence à mon égard.

Ceux qui cherchaient à m'accabler de maux, tenaient des discours pleins de vanité et de mensonge, et ne pensaient qu'à des tromperies durant tout le jour.

Mais, pour moi, je n'entendais rien, comme si j'eusse été sourd; et je n'ouvrais point la bouche, non plus que si j'eusse été muet.

Je suis devenu semblable à un homme qui n'entend point, et qui n'a rien dans la bouche pour répliquer.

Parce que j'ai espéré en vous,

Seigneur, c'est vous qui m'exaucerez, Seigneur mon Dieu.

Parce que je me suis préparé à souffrir tous les châtimens, et que ma douleur est continuellement devant mes yeux.

Parce que je déclarerai mon iniquité, et que je serai toujours occupé de la pensée de mon péché.

Ceux qui rendent des maux pour les biens qu'ils ont reçus, me déchiraient par leurs médisances, à cause que je m'attachais au bien.

Ne m'abandonnez pas, Seigneur; mon Dieu, ne vous retirez pas de moi.

Songez promptement à me secourir, Seigneur, vous, mon Dieu, de qui dépend mon salut.

Pseaume 50.

Ayez pitié de moi, mon Dieu, selon votre grande miséricorde.

Et effacez mon iniquité selon la multitude de vos bontés.

Lavez-moi de plus en plus de mon iniquité, et purifiez-moi de mon péché.

Parce que je connais mon iniquité, et que j'ai toujours mon péché devant les yeux.

J'ai péché contre vous seul, et j'ai fait le mal en votre présence; de sorte que vous serez reconnu juste et véritable dans vos paroles, et que vous demeurerez victorieux lorsqu'on jugera votre conduite.

Car vous savez que j'ai été formé dans l'iniquité, et que ma mère m'a conçu dans le péché.

Car vous avez aimé la vérité, et vous m'avez révélé les secrets et les mystères de votre sagesse.

Vous m'arroserez avec l'hyssope : et je serai purifié : vous me laverez, et je deviendrai plus blanc que la neige.

Vous ferez entendre à mon cœur ce qui le consolera et le remplira de joie ; et mes os, qui sont brisés de douleur, tressailleront d'allégresse.

Détournez votre face de dessus mes péchés, et effacez toutes mes iniquités.

Créez en moi, ô mon Dieu, un cœur pur, et rétablissez de nouveau un esprit droit dans le fond de mes entrailles.

Ne me rejetez pas de devant votre face, et ne retirez pas de moi votre Saint-Esprit.

Rendez-moi la joie qui naît de la grâce et de notre salut, et affermissez-moi en me donnant un esprit de force.

J'enseignerai vos voies aux méchans, et les impies se convertiront vers vous.

Délivrez-moi, mon Dieu, vous qui êtes le Dieu et l'auteur de mon salut, de tout le sang que j'ai répandu, et ma langue révélera votre justice par des cantiques de joie.

Vous ouvrirez mes lèvres, Seigneur, et ma langue publiera vos louanges.

Parce que, si vous aviez souhaité un sacrifice, je n'aurais pas manqué de vous en offrir : mais vous n'auriez pas les holocaustes pour agréables.

Un esprit brisé de douleur est un sacrifice digne de Dieu : vous ne mépriserez pas, ô mon Dieu, un cœur contrit et humilié.

Seigneur, traitez favorablement Sion, et faites lui sentir les effets de votre bonté, afin que les murs de Jérusalem soient bâtis.

C'est alors que vous agréerez un sacrifice de justice, les ablations et les holocaustes : c'est alors qu'on mettra des veaux sur votre autel, pour vous les offrir.

Pseaume 102.

SEIGNEUR, exaucez ma prière, et que mes cris s'élèvent jusqu'à vous.

Ne détournez pas votre visage de moi; en quelque jour que je me trouve affligé, rendez-vous attentif à ma demande.

En quelque jour que je vous invoque, exaucez-moi promptement.

Parce que mes jours se sont évanouis comme la fumée, et que mes os sont devenus aussi secs que les matières les plus aisées à brûler.

J'ai été frappé comme l'herbe l'est par l'ardeur du soleil; et mon cœur s'est desséché, parce que j'ai oublié de manger mon pain.

A force de gémir et de soupirer, je n'ai plus que la peau collée sur mes os.

Je suis devenu semblable au pélican qui habite dans la solitude; je suis devenu comme le hibou qui se retire dans les lieux obscurs des maisons.

J'ai veillé pendant la nuit, et j'étais comme le passereau, qui se tient seul sur un toit.

Mes ennemis me faisaient, durant tout le jour, de continuels reproches; et ceux qui me donnaient des louanges, conspiraient par des sermens contre moi.

Parce que je mangeais de la

cendre comme le pain, et que je mêlais mes larmes avec ce que je buvais.

A cause de votre colère et de votre indignation, qui vous ont porté à me briser après m'avoir élevé.

Mes jours se sont évanouis comme l'ombre; et je suis devenu sec comme l'herbe.

Mais pour vous, Seigneur, vous subsistez éternellement; et la mémoire de votre nom s'étendra dans toutes les races.

Vous vous lèverez, et vous aurez pitié de Sion; parce que le temps est venu, le temps d'avoir pitié d'elle.

Parce que ses ruines ont été très-agréables à vos serviteurs, et qu'ils auront compassion de sa terre, de cette terre desolée.

Et les nations craindront votre nom, Seigneur; et tous les rois de la terre révéreront votre gloire.

Parce que le Seigneur a bâti Sion, et qu'il sera vu dans sa gloire.

Il a regardé la prière de ceux qui sont dans l'humiliation; et il n'a point méprisé leurs demandes.

Que ces choses soient écrites pour les autres races, afin que le peuple qui viendra après louer le Seigneur.

Parce qu'il a regardé du haut de son lieu saint : le Seigneur a regardé du ciel la terre.

Pour entendre les gémissemens de ceux qui étaient dans les liens; pour délivrer les enfans de ceux qui avaient été tués.

Afin qu'ils annoncent dans Sion le nom du Seigneur, et qu'ils publient ses louanges dans Jérusalem.

Lorsque les peuples et les roi s'assembleront pour servir conjointement le Seigneur.

Il a dit à Dieu, dans sa plus grande vigueur : Faites-moi connaître le petit nombre de mes jours.

Ne me rappelez pas, lorsque je ne suis encore qu'à moitié de mes jours : vos années, Seigneur s'étendent dans la suite de toutes les races.

Vous avez, Seigneur, dès le commencement, fondé la terre ; et les cieux sont les ouvrages de vos mains.

Ils périront; mais vous subsistez dans toute l'éternité : et ils vieilliront tous comme un vêtement.

Vous les changerez comme un habit dont on se couvre, et ils seront en effet changés ; mais pour vous, vous êtes toujours le même, et vos années ne passeront point.

Les enfans de vos serviteurs auront une demeure permanente; et leur demeure sera stable éternellement.

Psaume 139.

J'AI crié vers vous, Seigneur, du fond des abîmes : Seigneur exaucez ma voix.

Que vos oreilles se rendent attentives à la voix de mon ardente prière.

Si vous observez exactement, Seigneur, nos iniquités; Seigneur, qui subsistera devant vous.

Mais vous êtes plein de miséricorde, et j'ai espéré en vous, Seigneur, à cause de votre loi.

Mon ame s'est soutenue, par la parole du Seigneur : mon ame a espéré au Seigneur.

Qu'Israël espère au Seigneur depuis la veille du matin jusqu'à la nuit.

Parce que le Seigneur est plein de miséricorde, et qu'on trouve en lui une rédemption abondante.

Et lui-même rachetera Israel de toutes ses iniquités.

Ant. Seigneur, ne vous ressouvenez point de nos offenses, ni des fautes de nos parens; et ne prenez point vengeance de nos péchés.

Seigneur, ayez pitié de nous.
Christ, ayez pitié de nous.
Seigneur, ayez pitié de nous.

FIN.

Noyon.—Imprimerie de COTTU.

www.ingramcontent.com/pod-product-compliance
Lightning Source LLC
Chambersburg PA
CBHW060902050426
42453CB00010B/1536